El Manual del Marketing Directo Provocador

Cómo hacer marketing que se
nota, se toca y no se olvida

Paula Barceanu
CEO Mailmark-Barcelona

El Manual del Marketing Directo Provocador
Cómo hacer marketing que se nota, se toca y no se olvida
Paula Barceanu

Diseño de la cubierta: Equipo de diseño de Universo de Letras
Imagen de cubierta: ©Shutterstock.com

Obra publicada por el sello Universo de Letras
www.universodeletras.com

Primera edición: 2025

ISBN: 9791387715724
ISBN eBook: 9791387716059

Índice

Introducción

En un mundo saturado de mensajes, publicidad y ruido digital, el *marketing* directo se ha convertido en un territorio en el que pocos se atreven a arriesgar de verdad. Muchas veces se confunde con spam o simples envíos masivos sin alma.

Este libro nace de la experiencia real, del ensayo y error, de campañas que funcionaron y de otras que aprendieron a no repetir los mismos errores. Aquí no vas a encontrar recetas mágicas ni palabras técnicas rebuscadas, sino principios claros, directos y con un toque provocador, porque el *Marketing* también puede (y debe) ser disruptivo.

A lo largo de estas páginas descubrirás que el verdadero *marketing* directo es una mezcla de estrategia, creatividad y, sobre todo, sentido común. Aprenderás a diseñar campañas que no solo se envían, sino que se sienten, se tocan y dejan huella.

Este manual está pensado para quienes no se conforman con lo fácil ni con lo mediocre, para quienes quieren que cada mensaje que envían tenga un propósito y un impacto real.

Bienvenido a un *marketing* directo con criterio propio. Bienvenido a *El manual del* marketing *directo provocador*.

Carta de la autora
Esto no es un libro de *marketing*

Ni una guía paso a paso. Ni una recopilación de teorías que suenan bien pero no sirven de nada en la vida real.

Esto es un aviso.

Un recordatorio de que, si lo que mandas no provoca una reacción, no estás haciendo *marketing*. Estás emitiendo ruido.

Y el ruido, en 2025, aburre. Satura. Se ignora.

Durante años he visto cómo las marcas lo intentan todo: embudos, automatizaciones, *retargeting*, *influencers*, *webinars*, más anuncios, más anuncios, más anuncios... Y mientras más hacen, menos impacto generan.

¿Por qué?

Porque están jugando a ser visibles cuando deberían estar luchando por ser inolvidables.

El *Marketing* directo y promocional no es solo enviar un folleto o un regalo. Es crear una experiencia física que active emociones, que sorprenda, que invite a la acción real.

Es convertir el momento de abrir un paquete en un momento memorable. Es hacer que el receptor deje de hacer *scroll* y empiece a sentir.

En Mailmark nos especializamos en eso: en diseñar campañas directas, físicas, creativas, que no se pierden en la bandeja de entrada ni en la rutina digital.

Campañas que se tocan, se abren, se guardan y, sobre todo, se recuerdan.

Trabajamos con marcas que entienden que cada envío es una oportunidad para provocar, para conectar, para que su mensaje se convierta en algo más que palabras vacías.

Que saben que, en un mundo saturado de ruido digital, lo físico es la última frontera para ser relevante.

Este pequeño manual no te dará una fórmula mágica.
Pero sí una provocación clara:

«Si tu Marketing no causa nada..., ¿por qué sigues haciéndolo así?».

Gracias por abrir este libro.
Y si te sientes incómodo al leerlo, vas por buen camino.

Paula Barceanu.
CEO-Mailmark.
Barcelona, 2025

Antes de empezar:
¿qué narices es el *marketing*?
(versión resumida, entendible,
y sin bostezos)

El *marketing* es como ligar con tus clientes. Pero no con frases baratas de bar tipo:

«Hola, ¿vienes mucho por aquí?» No. Es más bien entender lo que les gusta, saber dónde pasan el tiempo, qué los emociona... y aparecer en el momento justo con lo que quieren (aunque aún no lo sepan).

El *marketing* directo.
Es ese amigo que va al grano. Llama a la puerta, se presenta con una caja de bombones, te mira a los ojos y te dice:

«Estoy aquí por ti. Y sí, he traído algo que te va a encantar».

El *Marketing* directo no espera a que lo busques. Llega. Se nota. Se toca. Y, si está bien hecho... no se olvida.

Aquí hablamos de cosas físicas, tangibles. Una carta. Una caja. Un regalo inesperado. Un mensaje tan personal que parece que lo escribieron con boli mientras pensaban solo en ti (aunque lo haya hecho una impresora en serie).

El *marketing* indirecto (también llamado digital, para entendernos)

Este es más sutil. Te sigue en redes, te lanza un like, te muestra un anuncio con tu color favorito justo después de hablar de zapatillas cerca de tu móvil.

Es el ninja del *marketing*. Silencioso. Preciso. Sofisticado. A veces brillante. Otras, se pierde entre 147 banners que nadie ve.

¿Y cuál es mejor?

Ninguno. Y los dos.

Porque el *marketing* ——el de verdad—— es hacer que una idea llegue a alguien. Y llegue bien. Y si puede hacerle reír, emocionarse o decir «wow», mejor.

A veces necesitas el toque suave del «te estoy sugiriendo algo sin que te des cuenta» (indirecto).

Y otras veces necesitas el golpe maestro del «mira esto, tócalo, siéntelo, cógelo, no puedes ignorarlo» (directo).

Y si los combinas bien… Se llama hacerlo bien.

El *marketing* no es humo. Es chispa. Y sí, a veces es también una caja, una carta, un objeto extraño o una idea tan absurda que funciona.

Bienvenida. Bienvenido.

Estás a punto de leer cómo hacer *marketing* que se nota, se toca y no se olvida.

Capítulo 1
El error común

Por qué el 90 % del *marketing* directo acaba en la basura (y el resto también lo está pasando mal)

Vamos a ser sinceros: la mayoría de las campañas de *Marketing* directo acaban donde deberían estar... en la basura. No es por casualidad, es por diseño. Y no, no es solo que el cartero no haya sido amable contigo.

El problema no es el formato. No es el sobre, ni el flyer, ni el regalo promocional. El problema es la mentalidad con la que muchas marcas abordan el *Marketing* directo: como si fuera un simple «clic» más en un *feed* infinito.

¿Sabes ese anuncio de Facebook que dura tres segundos y pasas rápido? Pues imagina recibir un paquete que se siente igual de irrelevante.

La mayoría de las piezas que llegan a tu buzón son como ese anuncio: ruido digital reciclado en físico, sin alma, sin chispa, sin motivo para ser abierto... y con un solo destino: la papelera.

Y aquí viene el guiño al *Marketing* digital, con cariño, pero con verdad:

En un mundo donde el «*Marketing* digital» significa «bombardear a la gente con banners, emails automáticos y *pop-ups* que piden suscripciones hasta en la sopa», hacer *marketing* directo bien es casi un acto de rebeldía.

Porque, en serio, ¿quién quiere otro correo con «¡Oferta exclusiva para ti!» cuando sabes que es exactamente la misma oferta que le mandaron a tus diez mil contactos?

El *marketing* directo no es solo mandar un paquete o un flyer para sumar estadísticas. Es una conversación física que tienes con tu cliente, un «momento WOW» que le dices con tacto:

«Ey, aquí estoy. No soy uno más. Estoy aquí para que me recuerdes».

Si lo que mandas no despierta emociones ——curiosidad, intriga, sorpresa, incluso un poquito de molestia—— tu campaña está condenada desde el principio.

Este libro está aquí para romper ese ciclo de indiferencia, ruido y basura digital reciclada en papel.

¿Listo para dejar de tirar dinero a la basura?

Capítulo 2
Impacto físico antes que digital

Por qué lo tangible sigue ganando la partida

Vivimos en una era digital donde las pantallas dominan nuestra atención. Pero aquí está la verdad incómoda: la mayoría del *marketing* digital se ignora. Sí, aunque te pases horas optimizando campañas y ajustando audiencias, la realidad es que el 99 % de los anuncios, correos electrónicos y publicaciones desaparecen en un mar de «*next*».

¿Has intentado alguna vez que alguien realmente se detenga a mirar un banner en Instagram o que abra ese correo electrónico perfectamente diseñado? Spoiler: casi nunca pasa.

Aquí es donde el *marketing* directo físico se convierte en tu mejor arma secreta.

Un paquete que llega a la oficina o a casa, que puedes tocar, oler, incluso escuchar el crujido al abrirlo, genera una respuesta emocional que ninguna pantalla puede replicar. Porque cuando tienes algo físico en la mano, la interacción cambia: el receptor ya no es un espectador pasivo, es parte activa del mensaje.

Un objeto bien pensado puede:

- Romper la rutina monótona del día a día.
- Generar curiosidad auténtica, no fabricada.
- Crear un recuerdo memorable, no un «clic fugaz».
- Convertirse en conversación dentro de la empresa o en redes sociales.

Cuando alguien recibe algo físico, su cerebro baja la guardia. Se siente especial, elegido, sorprendido. Ese pequeño «momento WOW» abre la puerta para que tu mensaje sea escuchado de verdad.

En Mailmark no solo enviamos objetos. Enviamos experiencias. Enviamos detonadores emocionales que hacen que tu mensaje no solo llegue, sino que se quede.

Porque en un mundo donde todos están peleando por segundos de atención en pantallas, el *marketing* directo físico es la última frontera para ser relevante y memorable.

Así que, la próxima vez que pienses en *marketing* directo, recuerda:

No es solo lo que dices, sino cómo lo haces sentir en las manos de tu cliente.

- Caso real: Páginas Amarillas —— Campaña de *marketing* directo
    - Contexto: A finales de los años noventa, Páginas Amarillas, la conocida guía telefónica española, se encontraba en una etapa de declive debido a la digitalización y la aparición de nuevas formas de búsqueda de información.

- Estrategia: La empresa contrató a una consultora de *Marketing* para diseñar una campaña de revitalización de ventas. La estrategia consistió en el envío de cartas personalizadas a empresas locales, ofreciendo servicios adicionales y destacando las ventajas de estar presentes en la guía.
- Resultados: La campaña logró aumentar significativamente la tasa de respuesta y la renovación de contratos, demostrando la efectividad del *Marketing* directo físico incluso en una era digital emergente.
- Lecciones aprendidas:
  - La personalización del mensaje es clave para captar la atención del receptor.
  - El *marketing* directo físico puede complementar eficazmente las estrategias digitales.
  - La combinación de canales tradicionales y digitales puede generar sinergias positivas.

Este caso demuestra que, incluso en un entorno digitalizado, el *Marketing* directo físico sigue siendo una herramienta poderosa para conectar con el cliente y generar resultados tangibles.

Capítulo 3
Personalización que pica y no solo gusta

El fin del *marketing* copia-pega y el inicio de la conversación real

El problema más gordo del *marketing* directo ——y de casi todo el *Marketing*—— es que muchas marcas tratan a sus clientes como si fueran un grupo homogéneo. Como si todos fueran clones a los que se les puede enviar el mismo mensaje y esperar que reaccionen igual.

Spoiler: No funciona.

Enviar un correo, un folleto o un regalo promocional genérico es como gritar en un estadio lleno y esperar que solo una persona escuche tu mensaje.

En mi agencia, la personalización no es poner el nombre del destinatario en la carta y ya. Eso es solo el mínimo. Es hacer que cada envío sea un mensaje diseñado para provocar, molestar, emocionar o intrigar a la persona que lo recibe.

Personalizar es conocer no solo el nombre, sino las motivaciones, los retos y las peculiaridades de cada cliente. Es hacer que el *marketing* directo sea tan relevante que no pueda ignorarse.

Y aquí viene el toque irónico:

Si tus campañas son tan genéricas que podrías enviarlas a cualquier otra empresa sin cambiar ni una palabra, estás haciendo spam en papel, no *marketing*.

La buena noticia es que, con la tecnología y creatividad adecuadas, personalizar a este nivel es posible y rentable.

En el próximo capítulo veremos cómo combinar datos inteligentes con creatividad provocadora para que tu mensaje no solo llegue, sino que pinche donde duele (y donde emociona).

Capítulo 4
La creatividad como detonador, no como adorno

Deja de decorar tu mensaje y empieza a dispararlo

He visto tantas campañas de *marketing* directo que me dan ganas de llorar... o de reír, según el día. Porque la creatividad, muchas veces, se queda en la superficie: un folleto con colores bonitos, un texto simpático que suena bien, un logo bien colocado... pero sin alma ni gancho real.

Para mí, la creatividad en *marketing* directo no es un simple adorno que pones para que la campaña «quede bien». La creatividad tiene que ser un detonador, un disparo directo al corazón (o a la cabeza) de quien recibe el mensaje. Si no mueve, si no impacta, si no provoca, entonces solo estás decorando un mensaje que se olvidará en segundos.

Y aquí viene la comparación con el *Marketing* digital: en el mundo en línea, la creatividad muchas veces se reduce a optimizar clics, a pruebas A/B, a cambiar un titular o una imagen para ver si alguien hace *scroll* o no. Es un juego frío, analítico y a veces repetitivo. Se busca «enganchar» en medio del ruido digital, pero la mayoría de las veces, el resultado es otro banner más que se ignora.

En cambio, el *marketing* directo, cuando se hace bien, tiene una fuerza distinta. Es físico, palpable, inesperado. La creatividad aquí tiene la capacidad de generar una experiencia real, tangible, que sacude al receptor y rompe con su rutina.

Por eso creo que el *marketing* es mucho más que directo o indirecto. Es una mezcla de ambas cosas, y el éxito está en saber cuándo y cómo usar cada una.

- El *marketing* indirecto es ese ruido constante, la presencia digital en redes sociales, la publicidad en línea, el posicionamiento SEO. Es importante, claro, pero es un ruido, al fin y al cabo.
- El *marketing* directo es la conversación íntima, personalizada, la que va directo a la mano o al escritorio de tu cliente y le dice: «Estoy aquí, y esto es importante para ti».

Y la creatividad debe ser el puente entre ambos. No vale con un mensaje bonito ni con un banner optimizado. El mensaje tiene que ser tan potente que el receptor no pueda ignorarlo.

Desde mi experiencia, la clave está en usar la creatividad para romper esquemas, para molestar un poco, para generar curiosidad o incluso controversia. Porque lo que provoca, se recuerda. Y lo que se recuerda, vende.

Un consejo honesto:

Cuando prepares tu próxima campaña, pregúntate: ¿Esta creatividad hará que mi cliente hable de mí, que me recuerde o que me archive en la carpeta «publicidad aburrida»?

Si la respuesta es la segunda, cambia el enfoque. No estás invirtiendo bien tu tiempo ni tu dinero.

La creatividad no es maquillaje para un mensaje plano, es el arma para conectar de verdad.

Y para que quede claro: esto no es una invitación a debate, es simplemente lo que opino basándome en años de experiencia en este sector.

Capítulo 5
Medir no es un castigo, es tu brújula

Por qué obsesionarse con los números te hace mejor en *Marketing* directo

Si hay algo que me revienta es ver campañas lanzadas sin ningún tipo de medición real. Como si lanzar una pieza y cruzar los dedos fuera suficiente. ¿Y sabes qué? No lo es.

Medir el impacto de tus acciones en *marketing* directo no es un castigo ni una molestia. Es la brújula que te dice hacia dónde vas y cómo corregir el rumbo.

Cuando conoces qué funciona y qué no, puedes invertir tu presupuesto con cabeza, mejorar cada envío y evitar repetir errores ridículos. Y sí, también significa ponerle números a emociones, creatividad y experiencias ——lo cual no es fácil, pero es imprescindible.

En *marketing* directo, medir va mucho más allá de saber cuántos abrieron un correo electrónico. Hablo de:

- Cuántos realmente interactuaron con la pieza física (por ejemplo, abrieron un paquete, escanearon un código, respondieron una llamada).
- Cuántos pidieron más información o concertaron una reunión.
- Cuántos se convirtieron en clientes o repitieron compra.

Sin esta información, estás a ciegas. Y el dinero vuela sin que sepas si la campaña valió la pena.

Además, medir te da datos para innovar. Para probar nuevas ideas con menos riesgo. Para mostrar a tus jefes o clientes que el *Marketing* directo es inversión, no gasto.

Un consejo práctico:

Diseña siempre tu campaña con objetivos claros y métricas definidas. Y no, «tener presencia» no es un objetivo válido.

Por último, no te obsesiones con la perfección.

Mide, aprende, ajusta y vuelve a probar. Así es como se gana la batalla de la atención hoy.

Capítulo 6
El *timing* lo es todo
(pero nadie lo respeta)

Por qué enviar tu campaña en el
momento adecuado es más efectivo
que mil euros en creatividad

En *marketing* directo, el cuándo no es una anécdota, es una regla de oro.

He visto campañas que, por brillantes que sean, fracasan porque llegaron en el momento equivocado. Ya sea porque el destinatario está de vacaciones, saturado de trabajo o simplemente en un mal día, el *timing* puede hundir o elevar una campaña.

En cambio, una campaña sencilla, pero bien sincronizada con la realidad de tu cliente, puede romperla y generar resultados que sorprenden.

¿El problema? Nadie respeta el *timing*.

Los calendarios de *Marketing* suelen estar llenos de fechas «bonitas» o «obligatorias» (Navidad, Black Friday, Día del

Padre…), pero pocas campañas se adaptan al ritmo real del cliente y su contexto.

Mi consejo:

- Investiga cuándo tu cliente está más receptivo. Puede ser después de un evento sectorial, al inicio del año fiscal o justo cuando toma decisiones importantes.
- Aprovecha momentos inesperados, como cambios en legislación, lanzamientos de productos o noticias relevantes.
- Evita enviar campañas masivas en periodos saturados donde todo el mundo lanza promociones.

Recuerda que el *marketing* directo es una conversación íntima. Y en toda conversación, el momento en que hablas es clave.

Para mí, respetar el *timing* es un acto de respeto hacia el cliente, y también una forma de evitar que tu campaña acabe olvidada o, peor, en la papelera.

Capítulo 7
La experiencia importa más que el mensaje

No basta con decirlo bien, hay que hacerlo sentir

Un error muy común en *Marketing* directo es obsesionarse solo con el contenido del mensaje y olvidar cómo se entrega. Para mí, el canal y la experiencia que genera el envío son tan importantes como las palabras que lleva dentro.

Enviar una carta o un paquete aburrido, impersonal y previsible es una invitación segura para que tu mensaje acabe en la papelera. Y ahí se queda, olvidado.

La experiencia debe sorprender, emocionar o al menos captar la atención desde el primer contacto físico. El tacto del papel, el diseño del paquete, incluso el olor o un detalle inesperado pueden marcar la diferencia.

Porque cuando alguien siente que le has dedicado tiempo y cuidado, el mensaje gana credibilidad y conexión.

Y aquí otro contraste con el *Marketing* digital: un email, un banner o un post pueden ser fácilmente ignorados o eliminados con un clic. En cambio, un objeto físico con una experiencia pensada puede crear un recuerdo duradero.

Ejemplo: La campaña «Trailblazing Mail» de IKEA

IKEA lo hizo bien en 2022 con su campaña «Trailblazing Mail». Enviaron a miembros de su club IKEA Family un paquete físico con una cinta métrica personalizada, acompañada de mensajes prácticos e inspiradores para medir espacios en casa. No solo les dieron una herramienta útil, sino que también reforzaron la conexión emocional con la marca.

¿El resultado? Un retorno de inversión de 4,5 a 1. O sea, por cada euro invertido, ganaron cuatro y medio de vuelta. Eso es lo que yo llamo *Marketing* directo bien ejecutado.

Este tipo de acciones demuestran que la experiencia importa. Que no es solo qué dices, sino cómo se lo haces sentir a quien recibe tu mensaje.

Mi recomendación:

Invierte en la experiencia, piensa en cada detalle y no temas ser diferente. Porque al final, si no impactas en los sentidos, no impactas en la memoria.

Capítulo 8
Personalización no es
«Hola, [Nombre]»

Si tratas a tus clientes como datos, responderán como robots

Hablemos claro: personalizar no es rellenar un campo con el nombre del cliente. Eso no emociona a nadie. Todos sabemos que lo ha hecho una máquina. De hecho, muchas veces ni siquiera lo hace bien y te encuentras con correos tipo «Hola, %%First_Name%%».

La verdadera personalización va mucho más allá. Es entender a quién te estás dirigiendo, qué le importa, en qué momento está, qué necesita... y, sobre todo, qué NO necesita.

Porque cuando personalizas de verdad, tu mensaje no solo suena diferente, se siente diferente.

En *Marketing* directo esto es todavía más importante. Si vas a enviar algo físico, asegúrate de que no parezca una pieza más de producción en serie. Que el receptor sienta que eso se ha pensado específicamente para él o ella. Que es relevante, oportuno y valioso. Y que alguien, en algún lugar, se ha molestado en entenderle.

Aquí la diferencia con el *Marketing* digital es brutal: el digital puede personalizar a escala, sí, pero muchas veces cae en la automatización vacía. En cambio, el *Marketing* directo, cuando se personaliza bien, tiene una fuerza emocional mucho mayor.

¿Un ejemplo claro?

Pongamos que tienes un cliente que trabaja en el sector de la arquitectura. En lugar de enviarle el típico folleto, le haces llegar una maqueta plegable, con un mensaje que juega con el diseño, el espacio, el detalle. Eso no es solo personalización: es respeto, es inteligencia, es estrategia.

¿Requiere más trabajo? Sí. ¿Más inversión? Puede ser. ¿Más impacto? Seguro.

Y, por si queda alguna duda: no, esto tampoco es un debate. Es simplemente lo que creo y lo que he comprobado con campañas reales una y otra vez.

Si vas a hablarle a alguien, que se note que has hecho el esfuerzo. O mejor no digas nada.

Ejemplo: «Comparte una Coca-Cola con...» de Coca-Cola

En esta campaña, Coca-Cola sustituyó su icónico logotipo en las etiquetas de las botellas por nombres populares, invitando a los consumidores a encontrar y compartir una Coca-Cola con amigos o seres queridos que tuvieran esos nombres. Esta estrategia no solo personalizó el producto de manera masiva, sino que también fomentó la interacción social y el compromiso emocional con la marca.

La campaña generó un aumento significativo en las ventas y una gran participación en redes sociales, demostrando que una personalización efectiva puede crear una conexión profunda entre el consumidor y la marca.

Este ejemplo refuerza la idea de que la verdadera personalización en *Marketing* directo implica comprender y conectar emocionalmente con el cliente, más allá de simplemente insertar su nombre en un mensaje.

Capítulo 9
Si no te representa, no lo envíes

El filtro más simple (y brutal) del *marketing* directo

Hay una pregunta que me hago siempre antes de aprobar cualquier pieza, por muy creativa, cara o técnicamente perfecta que sea:

¿Esto representa lo que quiero transmitir? ¿Estoy orgullosa de enviarlo?

Parece una obviedad, pero no lo es. Hay muchas campañas que salen por inercia, por cumplir plazos, por contentar al cliente o simplemente porque ya «se había aprobado». Pero cuando las ves impresas, empaquetadas, listas para salir... algo no cuadra. Algo no encaja. No te representa.

Y si a ti no te convence del todo, imagínate al cliente que lo recibe.

En *marketing* directo, no hay pantalla de por medio que suavice. El error se toca, se huele, se ve. Y también se siente. Por eso hay que revisar con un criterio más humano que técnico: con honestidad.

No se trata de ser perfeccionista, sino de ser coherente.

¿El mensaje conecta con el público al que va? ¿Tiene sentido con el momento en que se lanza? ¿Es algo que tú misma/o recibirías y te llamaría la atención, o lo tirarías sin pensarlo?

Si no hay una respuesta clara, entonces no es el momento de enviarlo.

Un guiño a Mailmark (discreto, pero presente)

En Mailmark lo hemos aprendido a base de proyectos, de errores y de aciertos. Y ahora lo tenemos clarísimo: si no sentimos que una campaña es sólida, relevante y está bien planteada, no la soltamos. Así de simple. Porque sabemos que lo que se envía dice mucho más que lo que se dice.

Y no necesitamos fuegos artificiales ni «inteligencias artificiales» para saber cuándo algo tiene alma y cuándo no.

El filtro final no es un algoritmo, es tu propio criterio. Y cuando ese criterio es honesto, el *marketing* directo funciona. Siempre.

Capítulo 10
Cómo entrar en la mente del cliente y no salir

Recordar, emocionar y accionar: la fórmula real del *marketing* directo provocador

Hay marcas que gritan. Otras que susurran. Y luego están las que dicen lo justo, pero de la manera exacta, en el momento preciso, con algo que se queda pegado al córtex como un chicle bien tirado. Eso ——eso—— es *marketing* del bueno.

No el que impresiona en la reunión de lunes, sino el que el cliente recuerda el viernes cuando va a tomar una decisión.

1. Recordar: El primer crimen del *marketing* moderno es ser olvidable

Vivimos en *scroll* infinito. Notificaciones. Audio a 1.5x. En ese ruido, recordar se vuelve revolucionario.

El *Marketing* directo juega con ventaja: no compite en el timeline. Llega al lugar donde no se esperaba nada: un buzón, una mesa, una caja, un gesto.

¿Quieres ser recordado?

Haz que el cliente sienta que pensaste solo en él.

No le envíes una campaña. Mándale una experiencia.

Ejemplo: una empresa recibe una caja de cartón negra sin logo. Dentro, solo hay un espejo con el texto:

«¿Te gusta lo que ves? Tus clientes aún no lo han visto».

Debajo, una nota manuscrita: «Podemos ayudarte a que sí».

No es magia. Es intención. Y deja huella.

2. Emocionar: El *Marketing* sin alma es publicidad disfrazada

No se trata de llorar. Se trata de activar algo dentro. Puede ser risa, puede ser rabia, puede ser sorpresa. Pero debe ser algo.

El *Marketing* digital hace *retargeting*.

El *Marketing* directo hace re-cordar (sí, del latín *recordari*: volver a pasar por el corazón).

Cuando provocas emoción, generas conversación. Y una conversación bien provocada vale más que mil impactos mal dirigidos.

3. Accionar: Si no hay respuesta, no era directo. Era decoración.

Esto es clave:

El *marketing* directo no busca solo que te vean. Quiere que te respondan.

Por eso tiene que ser claro. Audaz. Sin rodeos.

Un buen mensaje directo no deja espacio para dudas. Tiene un propósito. Un botón invisible. Un «¿y tú qué harías?» debajo de cada palabra.

Y no siempre es vender. A veces es que te respondan. Que hablen de ti. Que digan:

> «Me llegó esto y no sabía si reírme o contratarles. Al final hice las dos cosas».

¿Y entonces? ¿Cuál es la fórmula mágica?

La que no lo parece. La que no se encuentra en cursos de 497 € ni en gurús de camiseta con frase motivacional.

Es esta:

Recordar.
Emocionar.
Accionar.

Todo lo demás... es bonito. Pero olvidable.

Yo, Paula Barceanu, he escrito este libro porque creo que el *Marketing* se puede tocar. Y cuando se toca, se recuerda. Y cuando se recuerda, mueve. Y cuando mueve... convierte.

Si al llegar aquí sientes que algo se ha despertado en ti —— una idea, una chispa, una rabia creativa——, enhorabuena.

Ese es el *marketing* que me interesa. Y ese es el que quiero hacer contigo.

Epílogo
Esto no es un manifiesto, es una forma de hacer las cosas

No busco evangelizar a nadie. No estoy aquí para decir que lo mío es mejor, ni que el *marketing* directo es el único camino. No. Lo que has leído es simplemente mi forma de trabajar, pensar y entender esta profesión.

Es una suma de errores cometidos, de campañas que funcionaron (y de otras que no), de reuniones con clientes reales, con presupuestos reales, en mercados reales.

No me interesa ganar debates. Me interesa ganar atención, generar conexión y, sobre todo, que lo que hacemos tenga impacto. Que no sea ruido, sino algo que deje huella. Aunque sea una pequeña.

No te he contado todo esto para darte fórmulas mágicas. Ni técnicas ninja. Lo he escrito porque creo que hay otra forma de hacer *marketing*. Más honesta. Más creativa. Más directa (sí, en todos los sentidos).

Y si este libro te ha hecho pensar, aunque sea un poco distinto, cuestionar lo que haces o lo que apruebas, ya me doy por satisfecha.

Porque esto no es un manifiesto.

Es solo *marketing* hecho con sentido.

Y eso ——aunque suene básico—— no abunda.

Paula Barceanu.
CEO de Mailmark

Anexo
Biografía de la autora

Paula Barceanu es CEO y propietaria de la agencia Mailmark, una agencia de *Marketing* directo y promocional con más de veinte años de historia, referente en España por su capacidad de innovar y su enfoque experto en personalización y relación con el consumidor.

Bajo su liderazgo, Mailmark ha trabajado y sigue trabajando con marcas potentes: Nescafé (campaña del histórico «Sueldo para toda la vida»), Evax con su programa educativo «Acerca-DeTi», y grandes compañías como Panasonic, Kärcher, Nestlé, Stada o Procter & Gamble.

En los últimos años, la agencia también ha desplegado campañas de promoción social, como su colaboración con el Departamento de Cultura de Catalunya y una iniciativa antibullying junto a H&S.

Paula ha impulsado la adopción de tecnologías emergentes en Mailmark ——automatización, bots de WhatsApp, validación instantánea de *tickets*—— sin perder el toque humano que caracteriza sus acciones. Esta combinación de experiencia, calidad e innovación ha llevado a que la agencia reciba premios como Mejor Agencia de *Marketing* Directo y Promocional en Catalunya.

Perspectiva externa

Paula ha sido destacada en medios como *La Vanguardia, Forbes España* y *La Razón*, donde se reconoce su enfoque en:

- Integrar nuevas tecnologías sin perder la esencia humana.
- Crear campañas atractivas, eficientes, valoradas tanto por grandes marcas como por consumidores.
- Desarrollar promociones resolutivas, como las activaciones vía WhatsApp con altas tasas de participación.

En resumen

Paula Barceanu es la cara de una agencia que ha sabido evolucionar sin perder el enfoque central: conectar marcas y personas de forma directa, efectiva y memorable. Su liderazgo combina estrategia, creatividad y un enfoque provocador que desafía lo establecido. Este libro recoge su visión profesional, sin filtros, y su manera de entender el *marketing*: directo, humano y memorable.